Pe. Thiago Faccini Paro
Francine Porfirio Ortiz

O Caminho

Subsídio para encontros de catequese
Estágio Pastoral – Crisma

3ª Etapa
Catequista

"O que ouvimos, o que aprendemos, o que nossos pais nos contaram, não ocultaremos de nossos filhos; mas vamos contar à geração seguinte as glórias do Senhor, o seu poder e as obras grandiosas que Ele realizou." (Sl 78,3-4)

EDITORA VOZES
Petrópolis

© 2018, Editora Vozes Ltda.
Rua Frei Luís, 100
25689-900 Petrópolis, RJ
www.vozes.com.br
Brasil

Todos os direitos reservados. Nenhuma parte desta obra poderá ser reproduzida ou transmitida por qualquer forma e/ou quaisquer meios (eletrônico ou mecânico, incluindo fotocópia e gravação) ou arquivada em qualquer sistema ou banco de dados sem permissão escrita da editora.

CONSELHO EDITORIAL

Diretor
Gilberto Gonçalves Garcia

Editores
Aline dos Santos Carneiro
Edrian Josué Pasini
Marilac Loraine Oleniki
Welder Lancieri Marchini

Conselheiros
Francisco Morás
Ludovico Garmus
Teobaldo Heidemann
Volney J. Berkenbrock

Secretário executivo
João Batista Kreuch

Projeto gráfico e diagramação: Ana Maria Oleniki
Revisão: Licimar Porfirio
Capa: Ana Maria Oleniki

ISBN 978-85-326-5718-3

Editado conforme o novo acordo ortográfico.

Este livro foi composto e impresso pela Editora Vozes Ltda.

Apresentação, 5

§1 Roteiro dos encontros, 7

§2 Contato dos grupos pastorais, 9

§3 Sugestão de temas para as reuniões mensais, 11

§4 Para planejar seus encontros, 21

Estimados catequistas,

Depois de uma longa caminhada rezando, refletindo sobre diversos temas e apresentando os fundamentos de nossa fé aos nossos catequizandos, desembocamos na última etapa, talvez a mais importante e essencial de todo o processo da iniciação cristã. Por causa disso, sem dúvida, é também a que mais exigirá de nós e de nossas comunidades, uma mudança de mentalidade e uma especial dedicação.

É o momento de introduzirmos nossos catequizandos no trabalho pastoral, na prática e no dia a dia de nossas comunidades. É o momento de ajudá-los a experimentar a riqueza do serviço, condição fundamental do discípulo missionário de Jesus Cristo.

Nessa terceira etapa propomos uma caminhada de PASTORAL de CONJUNTO, onde todas as pastorais, movimentos, associações e comunidades tornam-se protagonistas do processo de iniciação cristã. De nossa parte, enquanto catequistas, somos responsáveis por conduzir, acompanhar, coordenar, avaliar e ser a referência dos catequizandos e grupos constituintes do corpo paroquial envolvidos no processo iniciático. Para isso seria importante, na medida do possível, que o mesmo catequista da segunda etapa seja o responsável por acompanhar os catequizandos no estágio pastoral, dado o vínculo e os laços afetivos já constituídos. Sem dúvida isso muito contribuirá ao processo.

Nossas reuniões, a partir de agora, poderão acontecer apenas uma vez por mês, em dias e horários já acertados com os catequizandos. Nestes encontros você, catequista, terá a oportunidade de obter um retorno da experiência vivida por eles. Para este processo, portanto, você deverá estar em sintonia com os responsáveis pelas comunidades e grupos onde os catequizandos estarão inseridos, sempre conversando com eles, na medida do possível, nos dias que antecedem o encontro mensal para verificar se há algo que deve ser ajustado, avaliado e encaminhado.

No dia do encontro, orientando-se pelo breve roteiro que propomos a seguir, você poderá incentivar os catequizandos para que partilhem o trabalho que cada um tem realizado, seus desafios e conquistas. Se achar necessário, ou a pedido do catequizando, este poderá ser encaminhado à outra pastoral com a qual talvez se identifique melhor. Se tiver sido apontado algum problema pelos responsáveis pelas pastorais e grupos, ou se tiver constatado alguma adversidade, será a oportunidade para, de maneira muito sutil, e talvez de maneira geral, trabalhar o tema. Se necessário, no final e de maneira discreta, poderá conversar com o catequizando a respeito de suas dificuldades particulares.

Além disso, será uma oportunidade para trabalhar e refletir sobre inúmeros temas relacionados à fé, à doutrina social da Igreja, à vida dos catequizandos e à realidade da sociedade em que estamos inseridos.

Com o estágio pastoral invertemos a lógica tradicional, na qual engajamos para poder crismar, e não o contrário. Neste sentido, a celebração da Confirmação poderá acontecer no Tempo Pascal pelo menos um ano depois do início do estágio, ou ainda quando se achar conveniente, após avaliação do padre, catequista e comunidade. Os fatores idade, maturidade, engajamento e disponibilidade do bispo deverão ser levados em consideração.

A seguir, portanto, apresentamos um breve roteiro de como poderá realizar as reuniões mensais, bem como os temas que poderão ser discutidos.

De nossa parte, desejamos que os frutos a serem colhidos sejam abundantes e que esta proposta de iniciação cristã contribua para uma catequese puramente sacramental, transformando sua paróquia e comunidade numa verdadeira casa da Iniciação à Vida Cristã.

Nossa saudação fraterna e orações,

Pe. Thiago Faccini Paro
Francine Porfirio Ortiz
e de toda a equipe de O CAMINHO

§1 Roteiro dos Encontros

Tema

O catequista deverá definir um título alusivo à temática a ser refletida no encontro. O tema deverá ser escolhido de acordo com o período e a realidade de cada grupo, levando em consideração algum problema ou desafio a ser superado no trabalho pastoral e/ou de nível pessoal/amadurecimento, ou ainda de interesse e curiosidade dos catequizandos.

Objetivo

Neste tópico, o catequista deverá definir os objetivos a serem atingidos com o encontro ou a mensagem que deverá ser transmitida para os catequizandos.

Preparando o ambiente

Descrever os recursos e materiais a serem providenciados para o encontro. É importante que o espaço esteja bem organizado e contribua para os momentos de oração.

Acolhida

Em todos os encontros, pensar uma frase para a acolhida dos catequizandos com a intenção de prepará-los para a temática que será refletida.

Oração Inicial

Toda e qualquer atividade deverá ser sempre iniciada com um momento de oração. Este momento deverá ser dinamizado e ritualizado pelo catequista criativamente para envolver os catequizandos com a reflexão do tema, tornando o processo importante e especial, de tal modo que desperte o desejo de participar ativamente dele.

Leitura e meditação de um texto bíblico

Destacando sempre a importância e dignidade da Palavra de Deus na vida do cristão, todo encontro e atividade deve ser precedido pela proclamação de um texto bíblico. Os passos da *lectio divina* (leitura, oração, meditação e contemplação) muito ajudarão na meditação e reflexão do texto.

Partilha das experiências vividas nos grupos e comunidades – Estágio Pastoral

É importante sempre incentivar a partilha e o testemunho das experiências vividas no trabalho pastoral. Será uma maneira de orientar e valorizar o trabalho desenvolvido pelos catequizandos. Convém, neste momento, ouvir atenciosamente os relatos e respondê-los com *feedbacks* individuais de modo a favorecer a cada catequizando a compreensão de seu papel e de sua responsabilidade nas atividades desenvolvidas. Ainda, pode-se especialmente acolher as inseguranças, dúvidas e dificuldades que sua relação com a realidade onde atuam pode gerar. É a partilha que permitirá, também, que os catequizandos apoiem-se mutuamente uns aos outros em suas experiências.

Apresentação e reflexão de temas pertinentes à realidade dos catequizandos

Inúmeras atividades poderão ser desenvolvidas nos encontros mensais, tais como retiros, filmes, visitas (a doentes, asilos, creches, famílias...) ou reflexões de temas relevantes. Alguns temas são sugeridos a seguir, outros poderão surgir de acordo com a necessidade e realidade de cada grupo e comunidade.

Conclusão, gesto concreto

Ao término do encontro é sempre bom destacar o que a reflexão e a temática nos ensinou e que podemos aplicar em nossa vivência cristã. Pode-se também recordar os aniversariantes de Batismo do mês, fazer os comunicados necessários e distribuir as funções para o próximo encontro, definindo o dia e horário.

Oração final

É um momento em que o catequista poderá incentivar os catequizandos a fazerem orações e preces espontâneas, bem como elevar louvores e agradecimentos pelos acontecimentos e trabalhos realizados. Poderá ser concluído com o Pai-nosso e uma oração espontânea a exemplo das realizadas nos términos das etapas anteriores.

Por fim, a duração de cada encontro dependerá da atividade e reflexão proposta, variando de uma hora a um período (manhã ou tarde), ou ainda um dia todo. Os encontros poderão contar também com a colaboração e o protagonismo de outras pastorais e movimentos.

§ 2 Contatos dos grupos pastorais

	Catequizando	Grupo engajado	Responsável	Contato
1				
2				
3				
4				
5				
6				
7				
8				
9				
10				
11				
12				

	Catequizando	Grupo engajado	Responsável	Contato
13				
14				
15				
16				
17				
18				
19				
20				
21				
22				
23				
24				
25				

§ 3 Sugestão de temas para as reuniões mensais

Na sequência, apresentamos algumas sugestões de temas que poderão ser trabalhados nos encontros da terceira etapa da Crisma. Outros temas poderão ser acrescidos a estes, de acordo com as necessidades de cada grupo e realidade.

1. LIDERANÇA

Objetivo: Compreender o papel e a função de um líder na ação pastoral.

Abordar a liderança sob duas perspectivas: a) dos catequizandos como liderados no trabalho pastoral que realizam, seguindo as orientações dos responsáveis pelas comunidades e grupos onde atuam; b) e dos catequizandos como líderes que desenvolvem atividades pelas quais são responsáveis, influenciando a realidade na qual estão inseridos. Pode-se apresentar, para isso, a importância de atitudes de liderança no desenvolvimento das atividades e na motivação daqueles nelas envolvidos.

Convém, inclusive, apresentar a influência do líder na aprendizagem de habilidades sociais por parte de seus liderados. Isso porque o líder pode favorecer a superação de fragilidades e a potencialização de competências do grupo. Mais que isso, pode ajudar cada pessoa a reconhecer e valorizar sua própria atuação no grupo, percebendo-se parte de um todo. Ainda, dada a dificuldade de todos participarem das atividades eclesiais, como cursos, formações e encontros, devemos ser agentes multiplicadores, partilhando os temas e as experiências vividas. Líderes, portanto, têm a habilidade de formar liderados. Através de sua influência, formam pessoas capazes de transformar suas realidades, de vê-las com profundidade e envolvimento, de engajar-se em atividades capazes de melhorá-las e de responsabilizar-se por suas ações nelas realizadas.

2. PERDÃO

Objetivo: Reconhecer que o perdão consiste em um processo ativo de libertar o outro da culpa e a si mesmo da mágoa, decepção ou raiva, de modo a restaurar a dignidade e a paz do relacionamento.

Apresentar o perdão como atitude importante para o compromisso cristão, uma vez que revela um coração compassivo e inclinado ao bem. Pode-se destacar que, em um trabalho coletivo, muitas vezes nos sentimos contrariados, desafiados ou até mesmo avaliados pelas pessoas, o que pode trazer certa tensão às relações. O perdão, portanto, fortalece o vínculo e o respeito entre as pessoas. Sem perdoar a quem nos ofende ou reconhecer-se errado, disposto a pedir perdão, não se pode construir relacionamentos saudáveis e verdadeiros.

3. PRUDÊNCIA

Objetivo: Reconhecer que a prudência é a capacidade de observar o que no momento é conveniente e aceitável para si próprio e para os outros, evitando riscos desnecessários.

Abordar a importância de refletir sobre as escolhas a serem realizadas, considerando previamente suas possíveis consequências. Apresentar o conceito de prudência como virtude que evita prejudicar a si mesmo, às pessoas e à natureza. Ao sermos prudentes, somos capazes de pensar nos valores e ensinamentos do Evangelho antes de assumir decisões e posturas que podem ferir a dignidade da vida ou ofender as pessoas envolvidas nas situações com as quais lidamos. A prudência é aliada do comportamento responsável e comprometido com o bem de si e do próximo.

4. COMPÊNDIO DA DOUTRINA SOCIAL DA IGREJA

Objetivo: Despertar o interesse dos catequizandos de aprofundar e conhecer melhor a função social da Igreja através do seu documento, que apresenta de maneira clara, objetiva e bem organizada qual é o papel da Igreja e suas atribuições sociais.

Deste documento, explorar os seguintes temas:

- O significado do documento.
- Os direitos humanos (ver capítulo III).
- Os princípios da doutrina social da Igreja (ver capítulo IV).
- A família (ver capítulo V).
- O trabalho humano (ver capítulo VI).

5. DOCUMENTOS DO CONCÍLIO VATICANO II

Objetivo: Ajudar os catequizandos a conhecerem a riqueza dos documentos do Concílio Vaticano II que trouxeram à Igreja uma renovação pastoral mostrando que, mesmo escritos há mais de cinquenta anos, continuam atuais e refletindo a realidade que vivemos. Estes podem ser trabalhados com uma leitura comparativa entre a época em que foram escritos e sua atualidade.

Sugerem-se:

- Declaração *Dignitatis Humanae* – sobre a liberdade religiosa.
- Constituição pastoral *Gaudium et spes* – sobre a Igreja no mundo de hoje.
- Constituição *Sacrosnctum Concilium* – escolher temas de curiosidade para adolescentes, como ofício divino, música sacra, arte sacra...
- Decreto Inter Mirifica – sobre os meios de comunicação social.

6. OUTROS DOCUMENTOS DA IGREJA

- Da Santa Sé e dos pontífices como, por exemplo, as Encíclicas e os documentos atuais e de interesse dos catequizandos: Deus *Caritas Est*, sobre o amor cristão (maio, 2005); *Laudato Si*, sobre o cuidado da Casa Comum (maio, 2015); entre outros.

    » Alguns destes podem ser encontrados no site do Vaticano.

- Documentos do Conselho Episcopal Latino-Americano (CELAM) como, por exemplo, as conclusões das Conferências Gerais do Episcopado Latino-Americano e caribenho: Rio de Janeiro, Medellín, Puebla, Santo Domingo e Aparecida.

- Estudos e Documentos da Conferência Nacional dos Bispos do Brasil (CNBB) como, por exemplo, Cristãos Leigos e Leigas na Igreja e na Sociedade (doc. 105); Discípulos e Servidores da Palavra de Deus na missão da Igreja (doc. 97); Comunidade de Comunidades, uma nova paróquia (doc. 100).

7. O TEMPO

Objetivo: Analisar a experiência do tempo em nossa vida e o tempo de Deus.

Abordar a relevância de não agir impulsivamente ou deixar-se sofrer ao notar que os acontecimentos seguem uma cronologia diferente da desejada. Convém explorar quão dissonantes podem ser o tempo humano e o tempo de Deus. Para nós, a experiência do tempo pode ser frustrante. Desejamos que certas experiências cheguem ou terminem logo, que certas expectativas se realizem agora ou nunca se concretizem. Planejamos as nossas vidas como se cada passo dependesse única e exclusivamente de nós mesmos. No entanto Deus reserva para as nossas vidas experiências únicas e transformadoras, para as quais quase nunca estamos preparados. O tempo Dele é precioso, porque Ele sabe de cada detalhe dos nossos sonhos, das nossas competências, dos nossos medos, das nossas fragilidades... O tempo Dele não segue a cronologia humana. E o tempo Dele está sempre ligado ao espaço que nos envolve, às pessoas a nossa volta... Nossas vidas se entrelaçam às vidas dos outros misteriosamente quando entendemos que o tempo de Deus é diferente do nosso. Mais que isso, quando assumimos que Ele sabe o propósito de cada pequeno ou grande acontecimento.

8. LITURGIA DAS HORAS/OFÍCIO DIVINO DAS COMUNIDADES

Objetivo: Falar sobre a oração oficial da Igreja e a santificação do tempo, ensinando aos catequizandos a rezar a Liturgia das Horas e/ou, à sua maneira inculturada de oração, o ofício Divino das Comunidades.

A Liturgia das Horas (LH), chamada também Ofício Divino, é a oração oficial pública e comunitária da Igreja Católica. A palavra ofício vem do latim "opus" que significa "obra". É o momento em que a Igreja (fiéis) para em meio a toda a agitação do dia e recorda que a Obra é de Deus. Basicamente, a Liturgia das Horas consiste na oração quotidiana em diversos momentos do dia, através de Salmos e cânticos, da leitura de passagens bíblicas e da elevação de preces a Deus. Com essa oração, a Igreja procura cumprir o mandato que recebeu de Cristo de orar incessantemente, louvando a Deus e pedindo-Lhe por si e por todos os homens. No Brasil, a Liturgia das Horas foi adaptada para favorecer a participação sobretudo dos leigos, e recebeu o nome de Ofício Divino das Comunidades.

O catequista poderá refletir com os catequizandos sobre a oração oficial da Igreja, convidando-os a se reunirem em alguns momentos, sobretudo nos tempos importantes do Ano Litúrgico para rezar.

9. SER FELIZ É MEU SONHO?

Objetivo: Perceber que a felicidade consiste em uma busca que começa toda manhã, uma busca que exige paciência.

Refletir com os catequizandos sobre quão profundamente humana é a busca por felicidade. Pode-se dizer que, talvez, a felicidade dependa também desse processo. Isso porque, ao viver algo agradável, essa experiência é melhor valorizada quando nos reconhecemos merecedores ou quando nos percebemos participantes da realização desse momento. A felicidade, sobretudo, não está ligada a bens materiais ou a grandes realizações bem-sucedidas. Não, ela está relacionada a um estado elevado de espírito que nos faz sentir capazes, livres, satisfeitos, plenos e esperançosos. O reencontro com uma pessoa querida, uma bela paisagem, o paladar de um doce saboroso... são experiências que proporcionam felicidade e nos fazem reconhecer, naquele especial instante, o sentido da vida.

Buscar a felicidade é um processo que enobrece e nos faz atentos ao que a vida pode nos oferecer. Sobretudo, buscar a felicidade também implica nos dedicar a construí-la. Agimos a favor da felicidade e, quando orientados para o bem, ela naturalmente se expande para as pessoas à nossa volta. Conversar sobre a felicidade às vezes ser confundida com prazer, porém a busca pelo prazer é geralmente solitária e pouco se preocupa com os relacionamentos. Diferente da felicidade, o prazer nos leva a fazer uso de bens, momentos e pessoas, porque se concentra em nossos próprios sentimentos.

10. ORAÇÃO

Objetivo: Compreender a função da oração em nossa vida pessoal, familiar e comunitária. Aprender diferentes maneiras de rezar, sobretudo a espiritualidade dos diversos grupos existentes na paróquia.

Existem muitas maneiras de rezar, com espiritualidades específicas de grupos e movimentos. Nesse encontro, além de recordar a importância da oração na vida pessoal, familiar e comunitária, o catequista poderá refletir sobre a espiritualidade dos diversos grupos existentes na paróquia e suas particularidades, valorizando a unidade na diversidade. Abordar que cada um de nós poderá se identificar com um jeito específico de orar e que, apesar das diferenças, formamos uma só Igreja.

11. CONHECER A FÉ QUE PROFESSAMOS

Objetivo: Sugerir a leitura do livro "Conhecer a FÉ que professamos", de autoria do Pe. Thiago Faccini Paro (Editora Vozes, 2017, 78 páginas), para refletir os temas abordados pela obra – a criação, o tempo, a escolha/o chamado, o mistério da fé, a Igreja e o viver a fé entre altos e baixos.

Em poucas páginas, e numa linguagem acessível a todos, o livro, busca através da interpretação de textos bíblicos e de histórias preservadas pela tradição da Igreja, apresentar temas fundamentais e essenciais para a vivência da fé cristã. O catequista poderá sugerir a leitura do livro aos catequizandos e propor algumas atividades como, por exemplo, a produção de um vídeo explicitando uma das temáticas abordadas pelo autor para ajudar outras pessoas a conhecer melhor a fé professada na Igreja Católica Apostólica Romana.

12. ESPIRITUALIDADE

Objetivo: Entender que uma espiritualidade ativa influencia o modo como agimos no mundo.

Abordar a importância de manter, a partir de exercícios diários, uma espiritualidade ativa. É a espiritualidade que nos permite perseverar na fé e interpretar os acontecimentos a partir dos pilares de nossa formação cristã. A espiritualidade implica viver momentos constantes de meditação, estudo da Palavra, participação na comunidade, oração e contemplação. Implica, principalmente, uma postura disciplinada de gratidão ante os dons e as graças que constantemente recebemos de Deus. Ajudá-los a refletir que, sem uma espiritualidade ativa, as pessoas tendem a ver o sofrimento e as catástrofes sociais e ambientais sob uma perspectiva insensível, niilista ou distante. Parece que a dor do próximo não as atinge de modo pessoal, porque não creem numa ligação que as une à humanidade (ou esta crença está embotada sob uma rotina inconstante da fé). É uma espiritualidade ativa que nos faz cristãos em tempo integral.

13. CRISTÃO DE INICIATIVA

Objetivo: Refletir sobre a postura de um cristão interessado em transformar sua própria realidade e a realidade que o cerca, movendo-se em prol de suas intenções sempre voltadas para o bem comum.

Apresentar aos catequizandos que o cristão não pode se conformar com as situações que produzem sofrimento para as pessoas e/ou para a natureza. O inconformismo faz parte do coração revolucionário do cristão. Ainda que a cultura enalteça e fortaleça valores contrários aos ensinamentos do Evangelho, a missão dos cristãos envolve manter-se criando e recriando oportunidades, soluções, reconciliações, mediações... que favoreçam a construção do Reino de Deus, atuando como agentes da paz e da libertação daqueles que se encontram em situações de vulnerabilidade. Para isso o cristão deve ter iniciativa. Não pode aguardar, conformado, por soluções das lideranças sociais e políticas. Se necessário, deve mobilizar sua própria família, seu grupo de amigos, sua comunidade a favor das causas que estejam coerentes com os ensinamentos de Jesus Cristo. É preciso coragem para fazer ecoar às pessoas sua própria voz, porque somente com uma postura de quem luta pela justiça e pelo bem comum é que se pode romper o silêncio dos menos favorecidos, estes que têm suas dores caladas pela mídia que não os enxerga e pela sociedade que os marginaliza. Ter iniciativa, no entanto, não envolve lutar sozinho. Às vezes, pelo contrário, envolve ser o primeiro a reunir quem também deseja fazer algo pelo próximo, pelo planeta, pelo Reino.

14. ESCUTA ATIVA

Objetivo: Apresentar a importância de exercitar uma escuta ativa das pessoas com as quais atuamos no estágio pastoral para melhor conhecer sua realidade e nela intervir com sensibilidade.

Abordar junto aos catequizandos a necessidade de exercitar no estágio pastoral uma postura respeitosa e aberta à realidade na qual atuamos. Para isso, conversar sobre ser de nossa responsabilidade observar com sensibilidade a comunidade e suas necessidades antes de simplesmente nela agirmos.

A escuta ativa implica observar e ouvir as experiências das pessoas, correspondendo-as a partir de gestos concretos de interesse e comprometimento. Implica especialmente evitar atitudes e palavras expressadas sem real conhecimento de causa, que apenas nos afastam justamente de quem, na verdade, temos a missão de nos aproximar. Assim, a escuta ativa nada mais é que praticar junto àqueles com os quais convivemos durante o estágio pastoral um olhar empático, convidativo ao diálogo e inclinado a ajudar sempre que possível.

15. SESSÃO DE CINEMA

Em alguns encontros, o catequista poderá propor como atividade a exibição de um filme, promovendo um debate e reflexão ao seu término. É importante que as temáticas abordadas atendam a realidade vivida pelos catequizandos em seu estágio pastoral ou no cotidiano da vida.

A seguir sugerimos alguns títulos, outros poderão ser indicados pelos próprios catequizandos, desde que o enredo traga alguma contribuição ao grupo. Pipoca, guloseimas e bebidas não alcoólicas poderão ser partilhados durante a exibição.

O PRESENTE
Ano de lançamento: 2006
Gêneros: Drama, aventura, romance
Duração: 114 minutos

O filme narra a história de Jason, que acabou de perder o avô bilionário a quem sempre odiou. Estava certo de que não herdaria nada, mas se enganou: Red Stevens (James Garner) deixou doze tarefas para Jason, ao fim das quais ele será avaliado e, se merecer, terá direito ao que Red chama de "o maior de todos os presentes". Cada uma dessas tarefas tem o objetivo de promover alguma mudança em Jason, mas nenhuma terá tanta força quanto o encontro casual com a pequena Emily (Abigail Breslin). O filme ajudará os catequizandos a refletirem sobre o que realmente tem valor em suas vidas.

UMA PROVA DE AMOR
Ano de lançamento: 2009
Gênero: Drama
Duração: 109 minutos

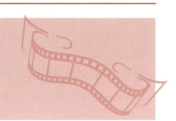

A trama do filme envolve toda uma família em torno da doença de uma das filhas. Por treze anos, a pequena Anna (Abigail Breslin) foi submetida a inúmeras consultas médicas, cirurgias e transfusões para que sua irmã mais velha, Kate (Sofia Vassilieva), pudesse, de alguma forma, lutar contra a leucemia que a atingiu ainda na infância. Anna foi concebida para que sua medula óssea prorrogasse os anos de vida de Kate, papel que ela nunca contestou. Até agora. Tal qual a maioria dos adolescentes, ela começa a questionar quem realmente é. O filme ajudará os catequizandos a refletir sobre a superação, doação, amor, persistência e limites.

CORRENTE DO BEM
Ano de lançamento: 2000
Gênero: Drama
Duração: 123 minutos

O filme conta a história de um menino que é desafiado pela proposta de um professor: pensar em uma ação para mudar o mundo. O menino acaba por desenvolver uma estratégia envolvendo a prática do bem a desconhecidos, que deveriam fazer o mesmo a outros desconhecidos. Dessa forma, teria início uma "corrente do bem". Ele não apenas planeja, no entanto, como executa seu próprio plano. O catequista deverá trabalhar o filme com os catequizandos destacando os valores, esforço pessoal, violência e a morte acarretada por ela.

PLANETA DOS MACACOS: A ORIGEM
Ano de lançamento: 2011
Gêneros: Ação, ficção científica, aventura
Duração: 110 minutos

Cientistas fazem testes em macacos para criar uma droga que amplie a inteligência. No entanto, César é um chipanzé que não apenas desenvolve sua capacidade cognitiva, mas também emocional. O filme permite questionar os limites da ciência e o que, de fato, poderia ser considerado humano. Isso porque os macacos eram apenas "objetos de pesquisa", mas passam a desenvolver vínculos e virtudes que são mais leais e afetivos do que os humanos que os criaram. Afinal, "quem é o humano da história"? O conceito de "humanidade" pode ser debatido com os catequizandos a partir do filme.

EX-MACHINA: INSTINTO ARTIFICIAL
Ano Lançamento: 2015
Gêneros: Ação, ficção científica, suspense
Duração: 108 minutos

Caleb (Domhnall Gleeson), um jovem programador de computadores, ganha um concurso na empresa onde trabalha para passar uma semana na casa de Nathan Bateman (Oscar Isaac), o brilhante e recluso presidente da companhia. Após sua chegada, Caleb percebe que foi o escolhido para participar de um teste com a última criação de Nathan: Ava (Alicia Vikander), um androide com inteligência artificial. Mas essa criatura se apresenta sofisticada e sedutora de uma forma que ninguém poderia prever, complicando a situação a ponto de Caleb não saber mais quais são os limites que diferenciam os humanos das máquinas. O filme permite refletir com os catequizandos sobre os limites da bioética, além de favorecer questionamentos acerca dos valores morais que uma máquina nunca poderá ter.

DIVERTIDA MENTE
Ano de lançamento: 2015
Gêneros: Animação, comédia
Duração: 95 minutos

Com a mudança para uma nova cidade, as emoções de Riley, que tem apenas onze anos de idade, ficam extremamente agitadas. Uma confusão na sala de controle do seu cérebro deixa a Alegria e a Tristeza de fora, afetando a vida de Riley radicalmente. A animação permite refletir sobre a influência das emoções nas nossas atitudes, além de ressignificar o importante papel da tristeza não apenas em nossa personalidade, mas também no fortalecimento dos relacionamentos.

OKJA
Ano de lançamento: 2017
Gêneros: Ação, aventura
Duração: 121 minutos

Cientistas, "preocupados com a escassez de alimento no mundo", criam uma nova espécie de porco cuja origem é totalmente artificial. No entanto, além do debate ético acerca da criação e dos maus-tratos a esses animais, o enredo permite ao catequista refletir com os catequizandos sobre a cultura desenfreada do consumo e a nossa relação com a natureza que nos sustenta.

MULHER-MARAVILHA
Ano de lançamento: 2017
Gêneros: Ação, aventura, fantasia
Duração: 141 minutos

O filme permite reconhecer que os valores éticos da protagonista são sua principal força, e não necessariamente suas habilidades sobre-humanas. Em um período caótico, ambientado na I Guerra Mundial, uma amazona que crê na força do bem sobre o mal deseja proteger os humanos. No entanto ela descobre que os próprios homens possuem dentro de si a maldade. Cabe a cada um deles escolher o amor e por ele lutar. Essa é a escolha final dela, que vem a se tornar também o seu compromisso heroico diante da humanidade.

ONDE ESTÁ SEGUNDA?
Ano de lançamento: 2017
Gênero: Ficção científica, suspense
Duração: 124 minutos

O filme apresenta um contexto futurista caótico, no qual a falta de alimentos leva as indústrias a criarem alternativas geneticamente modificadas. No entanto o efeito colateral dessas novas criações é a gestação cada vez maior de gêmeos, o que provoca uma desenfreada superpopulação. Por essa razão, as pessoas são submetidas a um rígido controle de natalidade. No enredo, um avô consegue salvar sete netas gêmeas fazendo-as revezarem-se no uso de uma só identidade. Cada uma pode viver em sociedade somente durante um dia da semana, partilhando a mesma vida pública. É um enredo interessante para refletir sobre o futuro do planeta sob nossa constante exploração e, principalmente, sobre a construção da identidade. O que nos faz quem somos?

EXTRAORDINÁRIO
Ano de lançamento: 2017
Gênero: Drama
Duração: 111 minutos

Auggie Pullman (Jacob Tremblay) é um garoto que nasceu com uma deformação facial, o que fez com que passasse por 27 cirurgias plásticas. Aos dez anos, ele, pela primeira vez, frequentará uma escola regular como qualquer outra criança. Lá, precisará lidar com a sensação constante de ser sempre observado e avaliado por todos à sua volta. O filme permite ao catequista refletir sobre o valor da família, da amizade, da vida escolar e quão insensível pode ser o preconceito.

OUTROS FILMES POPULARES RECOMENDADOS:

Clube dos cinco (1985)
Gênio indomável (1997)
A mentira (2013)
Perfume de mulher (1992)
Sexta-feira muito louca (2003)
De repente 30 (2004)
Sim, senhor! (2008)
O discurso do rei (2011)
Mentes perigosas (1995)

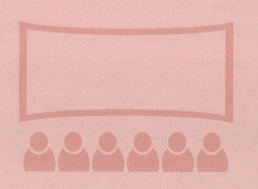

§ 4 Para planejar seus Encontros

1º Encontro
Dia ___/___/_____

Tema:

∿ Objetivo ∿

∿ Preparando o ambiente ∿

Texto Bíblico { }

Acolhida

Leitura e meditação de um texto bíblico

Oração inicial

Partilha das experiências vividas nos grupos e comunidades

Antes do Encontro

Feedback dos responsáveis pelas comunidades, pastorais, movimentos e associações em que os catequizandos estão engajados.

Dia e horário do próximo encontro:

___/___
às ___h.

Espaço Complementar

Apresentação e reflexão de temas pertinentes à realidade dos catequizandos

Conclusão, gesto concreto

Oração final

2º Encontro

Dia ____ / ____ / _____

Tema:

～ Objetivo ～

～ Preparando o ambiente ～

Texto Bíblico { }

Acolhida

Leitura e meditação de um texto bíblico

Oração inicial

Partilha das experiências vividas nos grupos e comunidades

Antes do Encontro

Feedback dos responsáveis pelas comunidades, pastorais, movimentos e associações em que os catequizandos estão engajados.

Dia e horário do próximo encontro:

_____ / _____

às _____ h.

Espaço Complementar

Apresentação e reflexão de temas pertinentes à realidade dos catequizandos

Conclusão, gesto concreto

Oração final

3º Encontro

Dia ____ / ____ / _____

Tema:

Objetivo

Preparando o ambiente

Texto Bíblico { }

Acolhida

Leitura e meditação de um texto bíblico

Oração inicial

Partilha das experiências vividas nos grupos e comunidades

Antes do Encontro

Feedback dos responsáveis pelas comunidades, pastorais, movimentos e associações em que os catequizandos estão engajados.

Dia e horário do próximo encontro:

____ / ____

às ____ h.

Espaço Complementar

Apresentação e reflexão de temas pertinentes à realidade dos catequizandos

Conclusão, gesto concreto

Oração final

4° Encontro

Dia ____ / ____ / _____

Tema:

❧ Objetivo ❧

❧ Preparando o ambiente ❧

Texto Bíblico { }

Acolhida

Leitura e meditação de um texto bíblico

Oração inicial

Partilha das experiências vividas nos grupos e comunidades

Antes do Encontro

Feedback dos responsáveis pelas comunidades, pastorais, movimentos e associações em que os catequizandos estão engajados.

Dia e horário do próximo encontro:

___ / ___

às _____ h.

Apresentação e reflexão de temas pertinentes à realidade dos catequizandos

Conclusão, gesto concreto

Oração final

Espaço Complementar

5º Encontro

Dia ____ / ____ / _____

Tema:

Objetivo

Preparando o ambiente

Texto Bíblico { }

Acolhida

Leitura e meditação de um texto bíblico

Oração inicial

Partilha das experiências vividas nos grupos e comunidades

Antes do Encontro

Feedback dos responsáveis pelas comunidades, pastorais, movimentos e associações em que os catequizandos estão engajados.

Dia e horário do próximo encontro:

_____ / _____

às _____ h.

Espaço Complementar

Apresentação e reflexão de temas pertinentes à realidade dos catequizandos

_____

_____

_____

_____

_____

_____

_____

Conclusão, gesto concreto

_____

_____

_____

_____

_____

_____

Oração final

_____

_____

_____

_____

_____

_____

_____

6º Encontro

Dia ___/___/_____

Tema:

∿ Objetivo ∿

∿ Preparando o ambiente ∿

Texto Bíblico { }

Acolhida

Leitura e meditação de um texto bíblico

Oração inicial

Partilha das experiências vividas nos grupos e comunidades

Antes do Encontro

Feedback dos responsáveis pelas comunidades, pastorais, movimentos e associações em que os catequizandos estão engajados.

Dia e horário do próximo encontro:

____/____

às ____h.

Espaço Complementar

Apresentação e reflexão de temas pertinentes à realidade dos catequizandos

Conclusão, gesto concreto

Oração final

7° Encontro

Dia ____/____/_____

Tema:

✑ Objetivo ✑

✑ Preparando o ambiente ✑

Texto Bíblico { }

Acolhida

Leitura e meditação de um texto bíblico

Oração inicial

Partilha das experiências vividas nos grupos e comunidades

Antes do Encontro

Feedback dos responsáveis pelas comunidades, pastorais, movimentos e associações em que os catequizandos estão engajados.

Dia e horário do próximo encontro:

_____ / _____

às _____ h.

Espaço Complementar

Apresentação e reflexão de temas pertinentes à realidade dos catequizandos

Conclusão, gesto concreto

Oração final

8º Encontro

Dia ____ / ____ / _____

Tema:

∿ Objetivo ∿

∿ Preparando o ambiente ∿

Texto Bíblico { }

Acolhida

Leitura e meditação de um texto bíblico

Oração inicial

Partilha das experiências vividas nos grupos e comunidades

Antes do Encontro

Feedback dos responsáveis pelas comunidades, pastorais, movimentos e associações em que os catequizandos estão engajados.

Dia e horário do próximo encontro:

___ / ___

às ___ h.

Espaço Complementar

Apresentação e reflexão de temas pertinentes à realidade dos catequizandos

Conclusão, gesto concreto

Oração final

9º Encontro

Dia ____ / ____ / _____

Tema:

Objetivo

Preparando o ambiente

Texto Bíblico { }

Acolhida

Leitura e meditação de um texto bíblico

Oração inicial

Partilha das experiências vividas nos grupos e comunidades

Antes do Encontro

Feedback dos responsáveis pelas comunidades, pastorais, movimentos e associações em que os catequizandos estão engajados.

Dia e horário do próximo encontro:

____ / ____

às ____ ____ h.

Espaço Complementar

Apresentação e reflexão de temas pertinentes à realidade dos catequizandos

Conclusão, gesto concreto

Oração final

10º Encontro

Dia ____ / ____ / _____

Tema:

꩜ Objetivo ꩜

꩜ Preparando o ambiente ꩜

Texto Bíblico { }

Acolhida

Leitura e meditação de um texto bíblico

Oração inicial

Partilha das experiências vividas nos grupos e comunidades

Antes do Encontro

Feedback dos responsáveis pelas comunidades, pastorais, movimentos e associações em que os catequizandos estão engajados.

Dia e horário do próximo encontro:

___ /___

às _____ h.

Espaço Complementar

Apresentação e reflexão de temas pertinentes à realidade dos catequizandos

Conclusão, gesto concreto

Oração final

11º Encontro

Dia ___ / ___ / _____

Tema:

☌ Objetivo ☌

☌ Preparando o ambiente ☌

Texto Bíblico {   }

Acolhida

Leitura e meditação de um texto bíblico

Oração inicial

Partilha das experiências vividas nos grupos e comunidades

Antes do Encontro

Feedback dos responsáveis pelas comunidades, pastorais, movimentos e associações em que os catequizandos estão engajados.

Dia e horário do próximo encontro:

___/___

às _____h.

Apresentação e reflexão de temas pertinentes à realidade dos catequizandos

Conclusão, gesto concreto

Oração final

Espaço Complementar

12º Encontro

Dia ____ / ____ / _____

Tema:

Objetivo

Preparando o ambiente

Texto Bíblico { }

Acolhida

Leitura e meditação de um texto bíblico

Oração inicial

Partilha das experiências vividas nos grupos e comunidades

Antes do Encontro

Feedback dos responsáveis pelas comunidades, pastorais, movimentos e associações em que os catequizandos estão engajados.

Dia e horário do próximo encontro:

___/___ às ___h.

Apresentação e reflexão de temas pertinentes à realidade dos catequizandos

Conclusão, gesto concreto

Oração final

Espaço Complementar

13º Encontro

Dia ____ / ____ / _____

Tema:

Objetivo

Preparando o ambiente

Texto Bíblico { }

Acolhida

Leitura e meditação de um texto bíblico

Oração inicial

Partilha das experiências vividas nos grupos e comunidades

Antes do Encontro

Feedback dos responsáveis pelas comunidades, pastorais, movimentos e associações em que os catequizandos estão engajados.

Dia e horário do próximo encontro:

_____ / _____

às _____ h.

Apresentação e reflexão de temas pertinentes à realidade dos catequizandos

Conclusão, gesto concreto

Oração final

Espaço Complementar

14º Encontro

Dia ___ / ___ / _____

Tema:

Objetivo

Preparando o ambiente

Texto Bíblico { }

Acolhida

Leitura e meditação de um texto bíblico

Oração inicial

Partilha das experiências vividas nos grupos e comunidades

Antes do Encontro

Feedback dos responsáveis pelas comunidades, pastorais, movimentos e associações em que os catequizandos estão engajados.

Dia e horário do próximo encontro:

_____ / _____

às _____ h.

Espaço Complementar

Apresentação e reflexão de temas pertinentes à realidade dos catequizandos

Conclusão, gesto concreto

Oração final

15º Encontro

Dia ____ / ____ / _____

Tema:

Objetivo

Preparando o ambiente

Texto Bíblico { }

Acolhida

Leitura e meditação de um texto bíblico

Oração inicial

Partilha das experiências vividas nos grupos e comunidades

Antes do Encontro

Feedback dos responsáveis pelas comunidades, pastorais, movimentos e associações em que os catequizandos estão engajados.

Dia e horário do próximo encontro:

____ / ____

às _____ h.

Espaço Complementar

Apresentação e reflexão de temas pertinentes à realidade dos catequizandos

Conclusão, gesto concreto

Oração final

Espaço Complementar

Espaço Complementar

Espaço Complementar

Espaço Complementar

CULTURAL

Administração
Antropologia
Biografias
Comunicação
Dinâmicas e Jogos
Ecologia e Meio Ambiente
Educação e Pedagogia
Filosofia
História
Letras e Literatura
Obras de referência
Política
Psicologia
Saúde e Nutrição
Serviço Social e Trabalho
Sociologia

CATEQUÉTICO PASTORAL

Catequese
Geral
Crisma
Primeira Eucaristia

Pastoral
Geral
Sacramental
Familiar
Social
Ensino Religioso Escolar

TEOLÓGICO ESPIRITUAL

Biografias
Devocionários
Espiritualidade e Mística
Espiritualidade Mariana
Franciscanismo
Autoconhecimento
Liturgia
Obras de referência
Sagrada Escritura e Livros Apócrifos

Teologia
Bíblica
Histórica
Prática
Sistemática

REVISTAS

Concilium
Estudos Bíblicos
Grande Sinal
REB (Revista Eclesiástica Brasileira)
SEDOC (Serviço de Documentação)

VOZES NOBILIS

Uma linha editorial especial, com importantes autores, alto valor agregado e qualidade superior.

PRODUTOS SAZONAIS

Folhinha do Sagrado Coração de Jesus
Calendário de mesa do Sagrado Coração de Jesus
Agenda do Sagrado Coração de Jesus
Almanaque Santo Antônio
Agendinha
Diário Vozes
Meditações para o dia a dia
Encontro diário com Deus
Guia Litúrgico

VOZES DE BOLSO

Obras clássicas de Ciências Humanas em formato de bolso.

CADASTRE-SE
www.vozes.com.br

EDITORA VOZES LTDA.
Rua Frei Luís, 100 – Centro – Cep 25689-900 – Petrópolis, RJ
Tel.: (24) 2233-9000 – Fax: (24) 2231-4676 – E-mail: vendas@vozes.com.br

UNIDADES NO BRASIL: Belo Horizonte, MG – Brasília, DF – Campinas, SP – Cuiabá, MT
Curitiba, PR – Fortaleza, CE – Goiânia, GO – Juiz de Fora, MG
Manaus, AM – Petrópolis, RJ – Porto Alegre, RS – Recife, PE – Rio de Janeiro, RJ
Salvador, BA – São Paulo, SP